청소년시선

안녕
나의 파란 사춘기

김가림 시집

안녕
나의 파란 사춘기

청소년시선

1쇄 발행 2025년 10월 25일
2쇄 발행 2025년 10월 30일

지은이 김가림
펴낸이 문정영
펴낸곳 시산맥
편집위원 이혜미 고선경
등록번호 제2019-000003호
등록일자 2019년 1월 10일
주소 03131 서울특별시 종로구 율곡로 6길 36. 월드오피스텔 1102호
전자우편 poemmtss@naver.com
시산맥카페 http://cafe.daum.net/poemmtss

ISBN 979-11-6243-637-0 (03810) 종이책
ISBN 979-11-6243-638-7 (05810) 전자책

값 12,000원

· 이 책은 전부 또는 일부 내용을 재사용하려면 반드시 저작권자와 시산맥사의 동의를 받아야 합니다.

· 이 도서의 국립중앙도서관 출판시도서목록(CIP)은 서지정보유통지원시스템 홈페이지(http://seoji.nl.go.kr)와 국가자료공동목록시스템(http://www.nl.go.kr/kolisnet)에서 이용하실 수 있습니다.

· 저자의 의도에 따라 작품의 보조 동사와 합성 명사는 띄어쓰기가 달라질 수 있습니다.

· 본문 페이지에서 한 연이 첫 번째 행에서 시작될 때에는 〈 표기를 합니다.

· 이 시집은 교보문고와 연계하여 전자책으로도 발간되었습니다.

청소년시선

안녕
나의 파란 사춘기

김가림 시집

시인의 말

돌고래 무리를 보러 가자던 친구 말에
백사장으로 달려갔다

지나가던 거북이를 밟았다

여름이 식지 않은 채 머물러 있었고

캔자스의 햇볕이 나를 찔러대는
한낮이었다

2025년 가림

■ 차례

part 1
모성이라는 성은 넓고 단단해서

배의 내재율은 푸른 하늘 은하수	12
자장가와 푸른 엄마와 쏟아지는 기억	14
신호등	16
엄마의 시간	18
야광별은 사랑을 타고	20
아침에 문득	22
자화상	24
일기예보	26
달력	28
스타벅스 여자	30
가을 마중	32
여름 몽상가	34
밤을 지나	36
나무	38
저주에 걸린 그녀의 눈동자	40
이중으로 보이는 그림	42
아기새 날다	44

구름	47
가방	48
헤어질 준비를 하고 있었나 봐요	50
벚나무엔 꽃이 피고 우리에겐 봄이 오고	52

part 2
낮과 밤이 두 번씩 찾아오는 행성처럼

민들레	56
사과의 늪	58
편지	60
팬데믹	62
저녁 풍경	65
어제는 울었고 오늘은 웃었고	66
유채꽃을 희망이라 상상하기로 해요	68
나의 토끼, 레퍼스에게	70
가을에는 편지를 써요	72
언니의 동심에서 날아온 야광별	74

노을이 붉은 이유	76
봄을 색칠해요	78
여름은	80
그림을 그려요	82
이상하고 아름다운 구름빵	84
무화과	86
아빠가 고기를 먹지 않았으면 좋겠다	87
토끼마을에 가을이 왔어요	88
계단	89
거울	90
수면제	92

part 3
너는 하얗게 사과꽃을 피우고
나는 붉어서 장미꽃잎이 흩날리고

꽃집 앞에서	96
호랑이와 곶감	98
깨진 술병 틈으로 시작된 모험	100

인플루엔자	102
님프의 날개	103
생일	104
구름의 딸꾹질	106
등대	108
열대야	110
곡선과 직선 사이	111
기다리는 마음	112
휴지	114
나만의 세상	116
얼룩무늬 기린	118
빙하 낙타 음료수	120
우산 웃음	122
바나나 리코더	123
쌀알 하나	124
실수해도 괜찮아	125
하늘바라기	126
사춘기	128

■ 발문 _ 소리의 껍질을 벗기며
   물결처럼 일렁이는 동안에도_강재남(시인)　131

part 1

모성이라는 성은 넓고 단단해서

배의 내재율은 푸른 하늘 은하수

귓가에 넘치는 바다
소금기 가득한 바람
파도로 만들어진 소리의 껍질을 벗기며
나는 할아버지와 항해하는 나비잠을 꾼다

하늘엔 은하수도 쪽배도 보이지 않는데

하루가 의미 있겠다는 일기예보가
세상을 활보한다

간혹 바람에 홀린 바람개비가
핑그르르 돌며 자신을 팔기도 한다
겉이 반듯한 신사가 바람구두를 신고 한낮을 걸어 다니면
그건 할아버지의 젊은 날

할아버지는 나의 등대
먼저 가버린 할아버지를 떠올리며
마음이 텅 비어가는데
그런 때에도 할아버지는 나의 등대

담벼락마다 초여름이 눌어붙는다

이따금 국지성호우가 지나가고

어허야 둥가걍 노 젓는 소리
노랫소리 따라 귀를 기울이니

어허야 둥가걍 어허야 둥가걍

쪽배를 탄 할아버지 은하를 건너오시는 소리

자장가와 푸른 엄마와 쏟아지는 기억

자장가가 쌓인다
멜로디는 반복을 거듭하다가 천천히 잠으로 스며든다

그때의 엄마 등은 참으로 포근했었지

모성이라는 성은 넓고 단단해서
어디가 처음이고 끝인지 알 수 없었다

흘러간 엄마의 시간
시간만큼 주름이 늘고
주름에는 엄마가 아닌 다양한 모습의 내가 자리한다

그 길에서 나는 날카로운 감정으로 서 있고
그런 나를 엄마는 품고 있다
시간이 갉아먹어도
엄마라는 이름은 언제나 엄마여서
마음이 애틋하고 아려오는데

나는 지금 엄마를 닮아가는 것일까
갱년기를 지나는 엄마를 보면서
가여운 마음과 쓸쓸한 마음이 복잡하게 얽히는데

〈
삶의 모서리가 낡아 마음도 낡아가는 엄마
그런 엄마에게 젊은 날의 그림자를 입혀주고 싶은 건

나에게도 비로소
모성이라는 단단한 성 한 채 생겨서라고
엄마 그림자를 그대로 닮고 싶어서라고

그렇게 쓸쓸하고 아름다운 엄마를 생각하는 것이다

신호등

다채로운 엄마의 감정에는
유독 신경 쓰이는 색이 있다
여러 색의 경계선은 점점 흐려져 간다
연속적인 스펙트럼처럼

엄마의 표정을 이해하지 못한 건
그때 나는 너무 어렸기 때문,

어릴 적 나를 혼내던 엄마는 확고했다
노란 눈으로 나를 노려보는 얼굴이
호랑이보다 더 무서웠다

샛노랗던 두 눈이 붉게 변할 때까지
나는 직진하지 못하고

엄마, 혼란을 주지 말고 답을 줬으면 해
활화산 같은 엄마 눈은 불안을 주니까

가끔가다 머피의 법칙에 빠지는 날이 있다
잘 가다가도 다가서면 표정이 변해버리고
약속을 지키지 못하면

불쑥 나타나는 새빨간 얼굴

여긴 비보호구역이라고요

못 들은 척 엄마는 오른쪽으로 회전하라고 한다
바른쪽은 엄마를 기쁘게 하는 지름길이란 걸 그때 알았다

주름진 엄마 얼굴이
뙤약볕과 노란 가을 사이에서 서성이는 동안

나에게 찾아온 사랑스러운 파란 사춘기

엄마의 시간

엄마의 주름에 행성이 있다

행성은 둥그런 모양이거나
날카로운 별 모양이거나

두 개의 형태가 섞인 건
생각보다 자유로워 보인다

걷잡을 수 없는 엄마의 감정처럼
예상하지 못한 한여름 소나기처럼

행성에서 엄마는 우는 일이 없다
그것은 엄마를 속상하게 하는 나도
외로움의 늪에 빠지게 하는 누군가도 없기 때문

엄마의 찬란한 옛날이
그곳에는 그대로 간직돼 있고

어쩌면 엄마가 그리워하는 기억이 존재하기 때문일지 모르겠다

How much is this?

행성에서 모든 것을 판다고 자랑하는
잡상인에게 물어볼게

엄마의 과거를 엄마에게 쥐여주고 싶다
부서진 기억이
더 이상 파편화되지 않고
거기에는 어떤 외로움이 존재하지 않았으면

그리하여 엄마가 환히 웃으면 좋겠다
아픈 엄마가 아닌 환한 웃음이 가득한 얼굴로

엄마의 시계가 그쯤 어디에 멈춰있으면 좋겠다

야광별은 사랑을 타고

야광별로 가득한 우리 집
담벼락 너머 꼬부랑 할머니가 살았지
밤이면 몸을 삼킬듯한 리어카를 끌고
빛바랜 종이를 담는 할머니
거친 소리가 골목을 덮었지

내가 아기였을 때 많은 꿈을 그리며
하나둘 붙인 야광별
그건 사실 엄마를 기다리며
밤이 두려워 작은 불빛을 친구삼기 위한 것

반짝이는 야광별은 아파 보였지
구부러진 할머니의 고단한 허리만큼

서랍 속 숨겨둔 가장 큰 야광별 하나 꺼낸다

할머니 리어카에 가득 폐지가 담기게 해주세요
구부러진 골목 끝에서 엄마 모습이 빨리 보이게 해주세요

저녁이면 꾹꾹
소원을 눌러 담아 붙인 별

〈
그 별이 길잡이가 되어
어두운 내일의 등불이 된다면

그런 마음을 나는 먹으며
틈새에 핀 민들레를 꺾어 불어본다
저 멀리 유유히 흘러가는 민들레 홀씨처럼
내 바람이 환하게 터지는 시간

골목 끝에서 할머니 밝은 웃음이 퍼진다

경쾌한 엄마 발소리가 들린다

아침에 문득

햇살이 기지개를 켜는 건
아침을 열겠다는 신호

밤새 엄마 품으로만 여겼는데
나는 이불 속에 뒹그러니

혼자라는 걸 깨닫는다

깨져 버린 전신거울로
산산조각 난 내 모습이 보인다

여전히 나는 허상을 붙잡고 있는 건가

아침이 왔는데도 아침을 기다리는 건
시곗바늘이 유년에서 멈췄다는 증거,

앨범을 뒤적이다가
돌아오지 않는 엄마를 생각한다

밝은 빛은 어떤 것도 보여주지 않고
깨지는 엄마 얼굴만 떠오르게 하는데

〈
종달새 개미 지빠귀
나팔꽃과 패랭이꽃을 적어보다가

모두 부지런히 아침을 여는 일을 한단 걸 알았다

나는 목을 빼고 자꾸만 밖을 본다
엄마가 아침으로 걸어올 거란 기대를 하면서

햇살처럼 걸어올 엄마를 환하게 맞을 마음을 먹으면서

자화상

헐떡거리는 이보다 헐떡이는 소리를 듣는 이가 더 아프다 불규칙한 호흡이 엇박자로 나를 쏘아댈 때면

하릴없이 창밖을 바라본다

세상의 불은 꺼진 지 오래

어릴 적 엄마가 뜬 인형에서 미지근한 눈물 냄새가 올라온다 그럴 때마다 몰려오는 적막, 깊어서 바닥을 헤아리지 못할 적막이 내 얼굴에 자국을 낸다 엄마는 그걸 천사의 키스라 불러주었지

잠든 척 침대에 누워있는 내 머리칼을 쓸어주던 엄마, 사춘기를 핑계로 엄마를 힘들게 한 내게, 미안하다 말하던

나는 그런 따뜻한 엄마를 알고 있다

방문을 닫고 나가는 엄마 뒷모습을 보다가
나도 모르게 눈물이 흐르는데

창문에 매달린 어린 별이 나를 보며 반짝여준다
〈

엄마 미안해,
속으로 말을 해도 알아듣겠지
엄마는 뭐든 다 아니까

언젠가 나도 엄마가 되어 나를 꼭 닮은 아이를 낳겠지 그때 내 엄마가 하던 것처럼 내 아이에게 좋은 엄마가 될 수 있을까

내일은 엄마에게 말해야지
사랑해, 절절 사랑해 엄마

웃는 얼굴이 예쁜 엄마는 나중 내 얼굴이기도 하기에
한발 한발 잘 디뎌보기로

어린 별에게 약속하는 깊은 밤

일기예보

흐린 아침입니다
소쩍새가 소식을 물고 오면
변덕이 시작됩니다

엄마 얼굴은 예보 없이 색이 바뀌고
문득
이유 없이 화난 엄마가 생각났다
먼 곳에서부터 부는 바람처럼
싸해지는 기분

가득 찬 눈물이 터져버리면
구름이 오리걸음을 하곤 하지
부풀어 오른 힘줄을 놓아버리는 순간
구름은 근육을 풀어버리지

그러면 구름은 비를 털어내고
빗물을 탕진하고

허기진 하늘이 우리를 바라본다
엄마의 출렁이던 화가 가라앉는 중이다
〈

맑은 아침입니다
소쩍새가 떠납니다
변덕이 멈춥니다

달력

어, 마지막 날이네
방 안은 숫자로 가득하고
나는 글자를 잘 몰라 숫자로 편지를 쓴다

5월은 장미의 달
6월은 장마가 시작되고
7월은 열대야에 시달리다가
8월은 엄마가 퇴원하는 달
이런 내용을 그리다가

그렇지 참,
안경을 지우고 눈사람을 그려보는 8월

눈사람 눈을 그리니
나를 빤히 보는 8월

눈이 마주친 나는 엉겁결에 엉덩방아를 찧고
그것은 내가 울면서 눈을 비빈 걸 들켰기 때문

나는 글자를 몰라
엄마에게 편지를 쓸 수도 없고

〈
숫자로 편지를 그리면서 속상해 울었는데

빨간 숫자가 내 마음을 눈치라도 챘을까

숫자는 칸칸이 자기 집을 마련하고
한 줄로 나란하게 식구를 앉히고
꽉 찬 네모로 이웃을 만들고

그렇게 서로 사랑하며 살아가는데

나는 할 줄 아는 게 숫자 8에서 눈사람을 그리는 일
엄마를 기다리며 눈 오기를 기다리는 일

특별한 8월과 나의 설렘이 섞이면
엄마는 꼭 그때 올 거야

나는 자꾸 눈물이 나서
땅바닥에 손가락으로 눈사람을 그린다
빨간 숫자가 내 눈동자를 빨갛게 보고 있다

스타벅스 여자

초록색 테두리에 갇혀
수백 년 동안 같은 자세로
같은 모양으로
웃고 있는 여자

물결무늬 머리칼이 수평을 이루며
언젠가 바다로 향할 거라는 무언의 약속을 하는데

머리에 쓴 왕관이 살아온 생애처럼 무겁다
그러므로 그녀가 웃는 건 웃는 게 아니다
입꼬리에 걸린 게 울음인지 웃음인지

오래된 사연이 침묵 중이다

그녀는 반인반어
인간처럼 살기에도 물고기처럼 살기에도
애매한 몸을 가진 비련의 여자

튀어나온 꼬리뼈에 슬픔이 가득하고

언젠가 바다로 가야지

바다로 가야지
같은 생각으로 같은 마음으로
향수병이 도지는데

유독 달이 밝으면
반인반어 그 여자

다리가 꼬리로 변했다가,
꼬리가 다리로 변했다가,

가을 마중

무성했던 푸른 잎이 잠들면
뜨거움의 경계를 허물며 바람이 분다
향긋한 사과 냄새가 난다
여름이 식는 냄새다

하얀 꽃잎이 나무 밑을 장식하던 시간이 지나면
사과 마을에서는 푸르다가 붉은
이야기가 피어난다

바람의 끝자락을 잡고 있던 사과는
가을이 손을 뻗자 빨갛게 익어가고

이야기가 빼곡해질 때쯤
사과나무는 등이 휜다

하늘에선 구름이 뭉글거리고

솜이불 같은 구름이 양떼를 만들고
양떼를 모는 목동을 만들고

그러면 나는

우리 집 강아지를 목동에게 주어야겠다

양떼의 길잡이가 되게
목동의 길동무가 되게

가을 한낮이 익어가는 소리가 들린다
놀란 사과가 떨어진다
그러거나 말거나 가지런한 가을 한낮

나는 나비잠에 들어야겠다

여름 몽상가

가늠할 수 없는 온도가 땅을 덮친다

여름이 밀려오면 뜨거움이 따라오는 법
먼 곳에서 초록이 일렁인다

초록이 무성한 땅에선 봉선화가 피어나고
칸나 맨드라미 사루비아는 모두 붉은색
여름을 꼭 닮은 꽃

매미가 불청객이 되어
잠을 설치는 계절의 중심에서

이따금 소나기가 지나고

일기예보가 어긋나기도 하고

손가락에 친친 봉선화 꽃물이 들면
매미는 울었던 만큼 장렬하게

흙으로 돌아간다
〈

나무의 옷차림이 바뀌고
여름이 썰물처럼 밀려가고

나무 그늘에 앉은 노부부
그 좋고 서늘한 이야기를 듣느라
나뭇잎은 차분해지겠지

감나무에서 익어가는 감을 보다가
불현듯 정신을 차려보니

불볕더위가 기승을 부리는
여름 한낮이었다

밤을 지나

어둠을 삼킨다

홀연히 사라지는 빛은 입술 사이로 빨려 들어가고
달은 노란 미소를 그리며 나왔다
달 주위로 좋아하는 수만큼 별이 생겨났다

불을 켜줘

하늘을 메우는 별은 영롱하고
고요한 안개 속에 갇힌 사랑은
살진 달의 내력이 되었다

까르르 웃음을 터트리는 별과 슬며시 미소 띠는 달

북두칠성 꼬리에 잡혀 유유히 떠나고

깜깜한 심장에 전등 갈 때가 되었나 보다

안개가 주황 구름을 만들고 있었다

어제는 어제에 묻어 두기로 하자

〈
파란 하늘을 채운 햇빛이 달콤한 향기를 데려왔다

아침에서 연분홍 기분이 묻어났다

나무

발을 내딛는다
거친 흙을 뚫고 나온 때가 어제 같은데
어느 사이 듬직한 청년이 되었다

나의 다섯 손가락에 초록이 무성하고
얼굴엔 이야기가 가득하다

매미가 목 놓아 노래 부르면
숲의 바다는 사람들이 출렁이겠지

따끔한 날을 보낼 때도 있었지
그러면 뿌리는 더 깊어지고
마음은 단단해지고

때로는 굳건하게 때로는 굴곡 있게

연인을 만나면 얼굴이 붉어지기도 할 거야

붉은 마음 곁으로 더 가까이 사람들이 몰려들 테고

그러면 나도 예쁜 추억 하나 가지지 않을까

그런 꿈을 꾸어보기도 하는데

다섯 손가락에 초록이 무성해진다
사람들은 빙 둘러서서 사진을 찍고
나는 몸에 나이테 하나 더 새기고

내 손가락 끝마다 웃음이 열리겠지
행복이 열리겠지

저주에 걸린 그녀의 눈동자

그녀는 저주에 걸렸다
흔들리는 눈동자에는
진한 별똥별과 나를 담고 있다
관절이 꺾인 그녀는
동정하는 눈빛으로 쳐다본다
그 모습은 애상적이기도 고독해 보이기도 한다

딸꾹질을 한다
세상이 흔들리는 것처럼 보이고
그녀를 자꾸만 아픔에 가둬놓으려고 하는
유리잔이 뒤집힌다
쏟아진 독약 밑으로
그녀와 나를 비추는 유리 파편

생각보다 불투명하다

불투명한 파편에는
동화가 쓰여있지

동화를 읽으며 그녀는 미소를 짓는다
아주 순수하고 사실적이게

〈
그녀는 마치 우리 엄마 유년으로 보인다

그녀는 딸꾹질을 멈추기 위해
나에게 입맞춤한다

입술 사이로 가시가 돋는다

이중으로 보이는 그림

구름이 지퍼를 여는 밤
나는 무얼 했지?

독 없는 독사과에 대해 생각한다
붉은빛 속에 숨어든 거짓말

내가 먹은 사과는 뭘까

우리 눈에만 좋아 보이는 것이 있다
유리 어항, 그것은 구피의 호텔
구피 입장에선 사생활 침해

두 개로 겹치는 생각은 쓸모없어
레드와 옐로우를 합치면 오렌지가 되듯
엉뚱한 생각이 돼버린다니깐

세상은 강렬한 블랙이든지
너와 나의 세계에선 다른 게 많아

똑같은 걸 다르게 보는 마음
〈

그 밤 나는 무엇을 했지?

확실한 건
그 기억의 근육을 잡는데
오랜 시간 걸렸단 거다

아기새 날다

햇살의 주인공이라도 된 듯
오로지 나만 비춰주는 따뜻한 오후

먼지 폴폴 날리는 공터로 나와 호흡합니다

여기는 나같이 느린 새에게
비행을 도와주는 멋진 활주로

전봇대와 전봇대 사이
오선지가 허공에 걸려있습니다

하나둘 친구들 옮겨 앉을 때
음표와 쉼표가 연결되어
노래가 완성됩니다

친구들이 노래 부를 때면
한쪽 날개가 찌르르 아파옵니다

담장에 걸터앉아 노부부 이야기를 엿듣는 사이
고양이에게 할퀸 왼쪽 날개
매서운 바람이 깃털을 파고듭니다

〈
가족은 고향으로 떠나고
어두운 터널 속에 갇힌 듯

나는 외톨이입니다
갈 곳 잃은 아기새입니다

그리운 내 고향
엄마가 보고 싶어요

가지에 눈꽃이 앉기 전에
고향으로 가는 길을 알려주세요

까치 한 마리 나무에 앉아 고개를 갸웃거립니다

온 힘을 다해 나는
활주로를 등지고 날개를 펼칩니다

비행은 버겁고 힘들었습니다

노을이 하늘 끝을 붉게 수놓자

내 몸도 붉게 물들어갑니다

양팔 크게 벌리고
작은 바람에 몸을 맡깁니다

하늘하늘 깃털이 가벼워집니다
첫눈이 내립니다

구름

우유를 부었다
연푸름을 배경으로 불투명이 섞인다
모두가 잠든 새벽
할머니의 자개장에서 흰 실을 꺼낸다

학교에서 시침질과 박음질을 배우기 시작한 나는
교과서를 보고 매듭을 짓기 시작했다

순서가 틀렸어요

경고음을 들은 순간 나의 실수를 알게 되었다

악몽이 잔뜩 묻은 실은 회색이다
실뭉치를 넣고 세탁을 시작하면
구름의 우울한 감정은 사라지고

환상이었다
구름빵을 먹고 올라간 고양이가
모양을 만들고 있다고 믿는 건
오직 유년의 일단락일 뿐,

구름이 산란하기 시작한다

가방

거짓말인가 봐
무거울 거란 말

고요한 새벽 너를 업고 공항으로 간다
여행에 필요하다면 조건 없이 구겨 넣은 것으로
네 입은 가득 차고 터질 것 같다

벌어진 네 입으로
내 입꼬리가 올라가는 기분

무거워도 힘들지 않은 건 행복을 채집했기 때문

즐거운 날은 가고 학원으로 향한다
늘 그랬듯 책 한 권 넣은 너는 무겁기만 하고
내 표정은 그늘지고

가벼운 너와 맞지 않은
어깨와 걸음걸이가 이상하다

같은 너여도 오갈 때 달라지는 건
너와 맞아떨어진 내 행동

〈
너의 무게는 내 기분인가 보다

짐에서 해체된 너와 공부에서 해체된 나는
같은 모양으로 입이 벌어진다

태양이 구름을 비집고 고개를 들면
서로의 입은 서로의 무게에 따라 닫히지

학교 갈 때 네 입이 열린 건
기분이 좋은 걸까 내 실수일까

헤어질 준비를 하고 있었나 봐요

돌이킬 수 없는 기억을 여행합니다
자정에서 멈춘 벽시계가 빠르게 태엽을 감습니다
과거는 박제된 채 그대로이고요

우리가 헤어진 날이 오늘이란 걸 비로소 알겠군요
박제된 시간에서 우리는 이별을 준비하고
이별은 다음을 기약하는 다른 말이라 생각한 것이지요

아무렇지 않게 바람은 우리 곁에 머물고 있었어요
새의 울음을 무심히 던지면서
바람이 무성한 숲에 나를 버립니다

그리하여 긴 날을 함부로 보내고

숨죽여 썼던 편지가 낡아갑니다

바람은 내 글자를 자꾸 흩어지게 하네요
나는 던져지면서 나를 동그랗게 뭉칩니다

그러면 동그란 내 등에 날개를 달 수 있을까요
날개를 달고 한 마리 나비가 될 수 있을까요

〈

박제된 그날의 시간으로 갈 수 있게 해주세요
기억이 기억으로 더디게 가게 해주세요

오빠를 보낸 그날이 어제 같은데
어쩌면 우리
처음부터 헤어질 준비를 한 건 아니었을까요

벚나무엔 꽃이 피고 우리에겐 봄이 오고

날아가는 나비구름 다섯 조각 떼어다가
한 잎 두 잎 세 잎
물오른 나뭇가지에 붙였다

벚꽃 오 남매가 만들어졌다

며칠을 재미나게 놀았을까
바람이 재채기하자 떨어지지 않으려
안간힘쓰던 큰오빠 꽃잎
붉어진 뺨 위로 봄이 시작되었다

젖 먹던 힘 다해 붙어있던 큰언니 꽃잎
서서히 손이 풀리고
맥없이 떨어지는 분홍 치맛자락으로
봄이 살짝 앉았다

꽃샘추위에 몸을 떠는 여동생 꽃잎
겁이 많은 여동생 꽃잎은 눈물을 흘리고

아무것도 모르는 나와 남동생은
바람이 불든 꽃샘추위가 오든

천둥벌거숭이가 되어 흔들리는데

할머니 집 앞길에 늘어선
벚나무에 한꺼번에 봄이 도착했다
벚꽃이 만개했다

part 2

낮과 밤이 두 번씩 찾아오는 행성처럼

민들레

폭죽이 터진다
나를 휘감는 노란 불빛들

하얀 머리칼을 부스스 휘날리며
한 계절을 채 살지 못하고 떠날 이들을 생각하며

작별 인사도 없이 가버린 언니를 떠올린다

언니가 바라던 계절은 어디쯤이었을까
이른 봄과 깊은 봄 사이, 아니면 무른 여름이었나
언니의 이별에는 청록의 바람이 있다

민들레색 치마가 짧아지고
드문드문 청록의 잎사귀로 돋아나는 계절은
아기 청노루가 더딘 걸음을 걷기 시작하는데

기다리는 언니는 오지 않는다

쪼그리고 앉아 먼 곳을 보다가
문득 돌 틈에 핀 민들레에게 눈길을 보낸다
〈

이리 척박한 땅에서 꽃을 피웠구나
네가 이리 환하게 폭죽을 터트렸구나

우리 언니는 언제쯤 오겠니
고개를 흔드는 민들레를 보며
영영 놓아야 할 이별을 생각한다

노랗게 물들일 오늘을 살다가
그리고 오늘을 보내다가

어느 날 갓털이 되어 떠날
민들레의 생을 그려본다

언니도 민들레였을까
한철을 환하게 물들이다가
찰나에 사라진 민들레였을까

돌 틈에 핀 민들레에게 고조곤히 말을 걸면서
부질없다가 희망이었다가
그런 삶을 나는 또 생각하는 것이다

사과의 $\frac{1}{n}$

사과를 쪼갰다
쪼갠 사과 사이에서 무수한 내가 튀어나왔다
무수한 나는 사과 조각이 되어
사람들에게 행복을 선물한다

우리가 먹은 건 마법의 사과
키가 큰 사과나무가 자란다
나를 덮고도 남을 만큼

열대야가 덮치는 밤엔
사과나무 아래에 눕지 말자
생각이 많은 잎을 가진 나무는
생각을 잠식하므로
맛과 향을 내며 눅눅한 여름에 잘 기댐으로

내일은 사과가 당신에게 배송될 예정
어쩌면 사과여서 따뜻한 감정이 따라갈지 몰라
우리는 끈끈하게 우정을 확인하겠지

쪼갠 사과를 나누어준다
내 사과를 받아주면 좋겠어

우리가 행복하면 좋겠어

그리하여 사과를 사과해, 라고 말하면 좋겠어

편지

네 노래를 듣고 있어
졸음이 오기 알맞은 오후 3시
라일락 향기가 잠에 취하는
이런 날은 언제나 화요일

화요일은 정밀한 글자를 만들기 좋은 때
글자의 마음을 읽어내기 좋은 때
그리움 한 컵에 설렘 한 스푼을 넣는다

그러면 나는 운동장 가득 편지를 쓰지
넓은 편지지를 펼치면
구름이 배경으로 깔리고 나비가 날갯짓하고

나뭇잎이 떨어지면 나뭇잎 글자가 되고
무당벌레가 날아들면 무당벌레 무늬의 마침표가 되지

네 노래를 듣는 오후 3시
라일락 향기가 편지지를 감싸면
운동장은 온통 보랏빛으로 물들고

잠에 취한 화요일 오후가 환하게 걸어오는데

〈
그리움 한 컵에 설렘 한 스푼
내 편지는 사랑이 있는 곳으로 배달되지

팬데믹

서로의 눈을 보고 감정을 읽는 건 불편한 일이다
답답한 것 같기도 텅 빈 곳을 보는 것 같기도

그런 우리의 눈동자에 바다가 출렁이면 좋겠다
아랫입술과 윗입술이 수평선이면 좋겠다

꽉 막힌 입이 숨을 트는 중이다

말이 많던 우리는 점점 말을 잃어가고
말을 잃으면 인어는 다리가 생긴다는데

내뱉은 숨이 세이렌의 노래로 돌아오고
가쁜 숨이 인어의 언어로 읽히고

그리하여 동화책이 새롭게 쓰여지면 좋겠다
세상이 해피엔딩 동화 같으면 좋겠다

찢긴 공기가 궤도를 바꾼다

우리는 얼굴이 아프다 하고 귀가 아프다 하고
〈

새롭게 쓰인 세상은 통증을 동반해야 하는 걸까

입에서 입으로 전해지는 바이러스 사이에서
또 다른 바이러스는 본분에 충실한다

그러는 사이
바이러스는 방향을 틀고
변이를 낳고

우리는 서툴게 호흡한다

그래서 너,
언제 우리를 놓아줄 거야?

지금을 정의하자면 뻐근한 근육 같은 것
엄마에게 찾아온 오십견 같은 것

불편한 통증을 안고 살아야 하는 엄마에게
문득 찾아온 아픔처럼

이제 우리는 마스크를 통증처럼 지니고 살고 있다

서로의 감정이 눈에서 출렁거린다는 걸 알아가고 있다

눈동자에 번진 어둠이 또 다른 눈동자를 살피며
세상을 배회 중이다

저녁 풍경

오후를 지나
어스름이 건너온다

저녁 꼭대기에 놓인 색은
붉음의 정석

태양 가까이 있어
물기 다 빠진 정직한 색

빨강과 노랑의 엇갈리며
가끔 주황이 끼어들기도 하지

태양이 점점 기울어지면
빛은 점점 짙어져 가고

해가 올리브 동산으로 넘어가면
노을은 저쪽에서 머물 것이다

어제는 울었고 오늘은 웃었고

상자를 뒤집어요
수많은 내가 쏟아졌죠
나로 가득 찬 세상
내 세상에서 나는 환히 웃어요

파인 내 보조개는 블랙홀
낮과 밤이 두 번씩 찾아오는 행성처럼
적응하기 어려운 블랙홀은 울음이다가 웃음이다가
잔잔한 호수가 햇살에 물들다가
쏟아지는 엄마 잔소리에 빠른 소나타를 연주하는 것처럼

어제는 웃음에서 피어난 보조개 하나가
모르는 항성에 엄마 별자리 새겨 놓고

오랜 밤 먼 궤도에서
별자리마다 대동이 퍼져요

엄마 잔소리에 울던 나는
새벽이 오는 것을 꼽다가

밤이 지나고

〈
어제가 찬란하게 지나요

나는 상자를 똑바로 세워요

유채꽃을 희망이라 상상하기로 해요

비닐봉지에 포위된 구가 있다
푸른 건 페인트
뚫린 대기권으로 오존층은 막이 다 벗겨졌고

습관화된 세상에서 나는 모래를 뭉친다
넓은 하늘을 도화지 삼아 사막을 그린다
한 달간 마스크로 꽉 찬 영수증
딱딱한 단어가 마트를 잡아먹는다

서툴게 숨을 쉬는 금붕어는
빨대를 삼킨 채 뻐끔거리고

눈치 없이 유채꽃이 핀다
나는 눈치 없이 유채꽃이 마냥 좋고

플라스틱이 혼잡한 세상
하늘을 올려보니 하늘도 플라스틱으로 보인다
인공의 세상에서 가끔 태양이 사라지고
가끔 달이 사라지고

철없이 피는 유채꽃과

유채꽃을 보며 철없이 좋아하는 나는
지구에서 어떤 존재로 남아야 하나

나는 태양을 가져야겠다
달님을 더 가까이 당겨서 보아야겠다

4월 들판을 수놓던 유채가 노란 얼굴로 나를 본다
나는 유채꽃을 배경으로 사진을 찍는다

내년에는 유채꽃씨를 더 많이 뿌려야겠다
황사로 뒤덮인 세상이거나
플라스틱으로 착각하는 하늘이지 않게

유채꽃은 유채꽃으로
나는 나인 것으로

맑은 하늘이 노랗게 웃고 있다

나의 토끼, 레퍼스에게

레퍼스에게 보내는 거야

투명하게 들리는 목소리
목소리에는 기분이 들어있지

되돌아본 과거에는
할머니와 지낸 수많은 시간
레퍼스를 처음 본 건
내 다섯 번째 생일이었다

어릴 때 할머니가 만들어준 토끼 인형은
귀 한쪽에 엉성한 바늘자국이 있었지
나는 그것을 은하수의 표식이라 불렀다

레퍼스를 끌어안으면 할머니 냄새가 났다
천장의 야광별을 세면서 자장가를 듣던 때
할머니 목소리는 다정했고
손길은 무한한 사랑이었지

시칠리아 어느 하늘 아득한 은하에서
아는 사람만 기억하는 나의 별자리 레퍼스 나의 할머니

〈
할머니, 이곳은 계수나무가 만발합니다
쪽배를 타고 은하를 건너오시려나요

내 안의 목소리에 귀를 기울인다
쫑긋 세운 귀가 더 쫑긋해지고
떨리는 건 분명 할머니 목소리

소리가 스펙트럼으로 터진다

다시 레퍼스야
네가 달에서 방아를 찧는다는 건 비밀로 해둘게

가을에는 편지를 써요

책갈피 깊숙이 넣어둔 낙엽을 펼쳐
편지를 써내려 갑니다

무더운 여름을 넘기고 이윽고 찾아든 가을
여름과 겨울의 간이역에서
은행잎 노랗게 물이 듭니다

구절초는 한창이고요
계절을 넘어가는 길목에 구절구절 이야기가
할머니 주름에 앉습니다

마른 향기가 마당을 적실 때면
할머니 얼굴에 웃음이 쓸쓸합니다

제법 쌀쌀해졌다,
뼈마디 앙상한 손으로 웃옷을 걸쳐주던 할머니

할머니는 평상에 앉아 하늘을 봅니다
눈가에 맺히는 이슬은 누군가가 그리워서겠지요

그리움이 짙으면

할머니 마음이 단풍처럼 붉어지고요

나는 낙엽 편지지에 긴 사연을 적어
높이 하늘에 날려봅니다

답장이 오는지 목을 길게 빼고
나는 자꾸 하늘을 바라봅니다

언니의 동심에서 날아온 야광별

언니, 우리 이제 동심으로 가자

가깝고도 깊은 존재를 좋아하던 언니는
동심으로 여행을 갔다

골반에 은하수가 빼곡한 언니는
유성과 자주 시간을 갖는다 했다
떨어지는 유성을 볼 때면
순전히 내 것이라는 걸
그래서 알아차린 것을 이제 알겠다

동심의 지도는 오로지 밝음
그리고 맑음

그것이 전부다
샛노란 언덕에서 언니는 웃고
강아지풀이 꼬리를 살랑이고

우표를 붙인 아기별이 하늘에서 떨어진다
어딘가 익숙한 별은
언니와 나의 손길이 닿은 야광별

〈
동심이란 이름으로
두 번째 우표가 도착하고 있다

노을이 붉은 이유

오늘과 내일을 이어주기 위해
구름 무덤을 풀어놓으면

눈동자가 붉어졌다

구름 속으로 들어가지 못한 오늘과
기약할 수 없는 내일이 서쪽 하늘에 걸려
눈시울 붉히고

그러면 나는 먼저 간 동생을 안아본다

순서대로 가지 않는다며
눈물을 흘리던 엄마 눈동자가 서쪽 하늘에 걸린다

저녁은 더 붉게 마음을 내어주고
신발 벗어 바닷물로 걸어가는 노을을 바라보며

내 눈동자도 함께 붉어지는데

잘 자라 우리 아가
엄마의 자장가는 깊어가고

밤도 따라 깊어가고

가장 맑은 잠에 든 동생은 깨어나질 않는다

아침에 눈을 뜨면 노을이 사라지고
잠에서 깬 동생이 내 앞에서 아장걸음 걷고 있을까

일찍 잠자리에 누워
오늘과 내일 사이에서 동생이 태어나는 걸 꿈꾼다

봄을 색칠해요

붓을 들고 세상을 칠합니다
초록 물감은 어디로 번졌을까요
차가웠던 계절이 마음을 엽니다

햇살이 나를 간지럽혔고요
때마침 먹구름이 기분 좋게 몸을 비웁니다
새하얀 구름이 나를 반겨줍니다
초록 언덕이 제 색깔을 푸르게 그려냅니다

하늘이 구름을 사용해 그림을 그려요
구름토끼 구름기린 구름새 구름고양이

들판으로 내려와
뛰어다니는 구름을
웃으며 바라봅니다

구름으로 만들어진 동물들은 저마다 봄의 씨앗을 물고 있습니다

씨앗을 땅에 뿌립니다
〈

거친 흙을 뚫고 싹이 올라옵니다
보드라운 엄마 손과 닮았습니다

바람이 불자
흩날리는 봄이에요

살포시 눈을 감았습니다

움츠려 있던 작은 씨앗 하나가 내 마음에서 싹을 틔웁니다

나는 열심히 붓질을 합니다

세상의 도화지에 꽃들이 앞다투어 피고 있습니다

여름은

과일가게에서
장마라는 두 글자를 샀다

장마 안에 무엇이 있을까
조심스레 껍질을 벗겼더니
새하얀 눈이 있었다

나는 사다리 타고
핑크빛 복숭아를 품에 넣은 채
집으로 돌아왔다

장마에 복숭아를 짜내
반죽하면 동그란 태양이
반짝 광을 낸다

태양을 안아 구름 계단으로
한 칸 한 칸 올라가
태양을 달았다

복숭아가 잘 익을 때쯤
태양은 새빨개

〈
비로소 여름이다

그림을 그려요

거울에 앉은 엄마와
스케치북을 든 내가
그림대회를 열어요

입술은 매일매일 색을 바꾸고요

봄에는 벚꽃 닮은 입술이
연분홍 옷을 입지요

여름엔 청록 닮은 입술이
생기로운 말을 하지요

가을은 입술마다 단풍나무 꿀을 매달고
붉은 마음을 속삭여요

오늘은 겨울이 펑펑 쏟아져요
투명한 크레용이 순결한 엄마를 그려놓아요

알록달록 입술이 옮겨가는 자리마다
계절이 생겨나요
〈

엄마 볼에
한 움큼씩 나무가 피어나요

입술은 색깔 바꾸기 마술사
소문난 색깔 마술사

이상하고 아름다운 구름빵

〈준비물〉
- 서쪽 바람을 마신 느티나무 가지
- 보름달을 반으로 쪼갰을 때 나오는 가루 2티스푼
- 먹구름을 세탁할 때 쓰는 베이킹소다 두 꼬집
- 착한 거인이 키우는 패랭이꽃 다섯 송이
- 산 등허리에 걸쳐 잘 말린 먹구름 한 덩이
- 염소에게서 짠 따뜻한 우유 5컵
- 산새가 낳은 알 5개
- 고향을 그리워하는 마음 가득

1. 서쪽 바람을 마신 느티나무 가지와 산 등허리에 걸쳐 잘 말린 먹구름 한 덩이를 섞는다.

2. 보름달을 반으로 쪼갰을 때 나오는 가루 2티스푼과 먹구름을 세탁할 때 쓰는 베이킹소다 두 꼬집을 섞는다.

3. 산새가 낳은 알 5개와 고향을 그리워하는 마음을 가득 섞는다.

4. 서쪽 바람을 마신 느티나무 가지와 산 등허리에 걸쳐 잘 말린 먹구름 한 덩이, 보름달을 반으로 쪼갰을 때 나오는 가루 2티스푼과 먹구름을 세탁할 때 쓰는 베이킹소다 두 꼬집, 그리고 산새가 낳은 알 5개와 고향을 그리워하는 마음을 염소에게서 짠 따뜻한 우유 다섯 컵으로 반죽한다.

5. 느티나무 가지에 빵 모양 싹을 만든다.
6. 35℃의 여름 중심부터 가을까지 빵 모양 싹을 둔다.
7. 초가을 서늘한 바람에 착한 거인이 키우는 패랭이꽃 다섯 송이로 빵을 장식한다.
8. 달군 오븐에 모든 재료를 넣어 30분간 굽는다.

초원을 동경하다 얼굴까지 녹음으로 물든 남자가 집집이 구름빵을 전하는

추억에 잠기는 한낮에,

무화과

여름의 단면을 자르자 폭죽이 터졌습니다
화려한 날이 몸을 감싸안았습니다

밋밋한 겉면만 보면 아무도 모릅니다
속에 얼마나 많은 환상이 들어있는지를,

안데르센 인어가 젖은 머리칼 늘이고
촉수 세운 산호초들이 물결 따라 흔들리는 것을
우리는 누구도 알 수 없습니다

인어 비늘이 햇빛을 받으면
반짝임으로부터 노을이 퍼져갑니다

열대야가 무르익어가는 날
무화과 열매 한 알
덥석 깨물었습니다

씨가 터지면서 혀끝에 문장들이 박음질 되었습니다
그날 나는 당신에게 부칠 편지를 빼곡하게 썼습니다

여름 햇빛을 담뿍 머금은 8월
나무마다 찬란한 상처가 알알이 맺혔습니다

아빠가 고기를 먹지 않았으면 좋겠다

샤워를 마친 아빠가 정육점으로 갔다
연말이 다 되어가는 지금
내년에는 45kg를 유지하면 좋겠다고 한 나

하지만 아빠는 살이 쪄도 괜찮고 살이 빠져도 상관없다는 투였다
반찬을 사고 저녁 준비를 하는 동안 고기 냄새를 맡는 모습을 상상하는 것만으로도 괜찮지 않냐며 미소를 흘렸다

아빠가 주방으로 들어간 뒤 고기 냄새가 집 안을 가득 채웠다 내 적 갈등이 머릿속에서 맴돌아 고개를 젓는다

아빠에겐 미안하지만 다시는 고기를 굽지 않으면 좋겠다 아무리 먹는 게 행복해도 내 몸무게의 슬픔을 알아줄 누군가는 없을 터

토끼마을에 가을이 왔어요

토끼마을에는 10월에 구름이 내린다
새 옷 갈아입을 준비하는 토끼의 마음에
하얗고 가벼운 구름이 내려
토끼는 설렌다
토끼마을에 사는 단풍나무도 얼굴이 붉어진다

구름은 토끼들에게 뭉게구름 옷을 입히고

구름옷을 입은 10월의 토끼마을은
하얗고 가벼운 몸으로 둥둥 떠다니는 토끼들 세상이다

세상은 하얗게 구름색 옷을 입고
그해 가장 깨끗한 마을이 되는 토끼나라

토끼나라에 사는 단풍나무가 점점 말라가면
흰 눈이 소복이 쌓일 겨울이 토끼마을을 찾아온다

계단

나는 누워만 있다

모든 사람은
공부 안 하고 일하지 않고
나처럼 누워있고 싶겠지만

사실은 내 의지로 누워있는 게 아니야

눈부신 저 햇살이 나를 찌르면
몸이 뜨거워지고

차가운 빗방울에 으슬으슬
감기에 걸리기도 하지

햇볕아 먹구름아
나를 도와주렴

나는 꿈을 꾸는 계단이야

차근차근 단계를 밟듯
나도 활기차고 자유로운 생각을 하는

그런 계단이야

거울

참 대단한 녀석이다
머리카락으로 가리려 해도 가리지 못한
이마에 난 여드름
그 하나마저 똑같이 해야겠냐고 묻고 싶다
유난히 튀어나와 다른 곳을 보려 해도
너만 보면 이마로 집중하게 만드는 너

참 완벽한 녀석이다
얼굴 옷차림 앞모습 뒷모습
통과돼야지만 외출이 가능한
까다로운 검사기

내가 너를 바라보면
너도 나를 바라보고
내가 눈을 깜박이면
너도 그렇게 따라 하고
내 옆에 붙어있는 그림자까지 따라 하고

거짓말을 삼켰나 봐
유혹하는 네 촘촘한 눈빛
한 번만 보고 가려 해도

다시 보게끔 하는 너

잠시 눈을 돌린 사이
다른 모습을 한 내가 서 있을 수도 있어

아무도 너를 보지 않는다면
어떤 성격과 생김새를 가졌는지
우리는 모르지
그게 너의 매력이지

네 앞에 거울을 비추면
두 거울 모두 모습을 볼 수 있겠지

눈을 옆으로 힘껏 돌리면
몇 명의 나를 볼 수 있겠지

수면제

불면증에 시달리던 남자아이
사거리 지나 골목길과 마주하자
약국과 서점 사이를 서성인다

하필이면 슬리펠정과 책값이 같아
겨울이 한참인 그날 남자아이 손에는 땀이 흥건하다
빳빳했던 지폐가 주머니 속에서 구겨지고 있다
요동치는 지폐를 무시하고

고민에 빠진다

어쩌면 책이 주는 잠이 더 즐거울 거야

서점 문을 무심코 열었다
세상에서 가장 지루한 베스트셀러 '교수가 알려주는 수학'을 집었다

책상에 앉고 책을 펼치고 글쓴이 말을 편 채

그냥 엎드린다
한 페이지도 읽지 않았는데 잠이 드는 마법

소문대로 효능 좋은 특효약이다

등에서 번개가 친다

엄마의 따가운 눈과 마주쳤다

part 3

너는 하얗게 사과꽃을 피우고
나는 붉어서 장미꽃잎이 흩날리고

꽃집 앞에서

향기 가득한 곳으로 가자

용기 내어 건네는 말에 떨림이 있다

고마워하는 너에게 행복이 묻어나고
너를 바라보며 나는 웃는다

우리 마음에는 꽃 한 송이씩 자란다지
어떤 꽃이 피는지 어떤 잎이 나는지
우리 마음이 결정한다지

너는 마음이 순정해서 하얗게 사과꽃을 피우고
나는 마음이 붉어서 장미꽃잎이 흩날린다

들판 가득 핀 민들레를 하늘로 날리면
지나가는 바람이 갓털을 데려가고

나뭇가지에 걸터앉은 구름은 다정하게 웃어주고

나의 마음이 너에게 다가가면
너의 마음이 나에게 다가오고

〈
우리 같이 웃어보는 거 어때?

눈으로 말해도
알아듣는

송이송이 꽃을 피운
꽃집 앞에서

서로의 이름으로 우정을 약속했다

호랑이와 곶감

아기 때 들은 전래동화
간이 서늘해지고 무섬증 생기는

호랑이가 어흥
산이 찢어지게 울고
굶주린 배를 안고 마을로 내려온 이야기

할아버지는 어흥어흥 호랑이 소리 내면서
열 손가락 구부려 나를 긁어대는 시늉을 했지

나는 너무 무서워
현관문만 바라보았는데

비밀번호를 모르는 호랑이
문을 부수고 뛰어들면 어쩌지

할아버지 목에 매달려
나는 칭얼댔지

호랑이는 곶감을 무서워한단다
〈

할아버지는 허허 웃으며 말했는데

달고 맛있는 곶감이 왜 무서운 건지
옛날에도 지금에도 알 수 없는 이야기

깨진 술병 틈으로 시작된 모험

비가 빗발친 후에는 위험이 있기 마련이지
찢어진 옷을 입고
창문에 걸터앉아 웬디를 부른다

후크의 갈퀴에 날개를 뜯긴 웬디
어떻게 소식을 전해야 하나

나는 쌍둥이가 아니어서
같은 얼굴을 가진 내가 없어서

난감하다

거짓말을 삼켜볼까
후크의 빨개진 코를 비틀어버릴까

고민하는데
어디서 날카로운 소리가 들린다
후크가 마시던 술병이 바닥으로 떨어지며 소리친 거였다

주변으로 빛이 환하게 몰려온다
얼른 빛으로 몸을 숨겼다

그림자가 날개를 달아주었다

웬디의 모험은 다시 시작되고
나는 유리창에 걸터앉아 빛의 조각을 줍고

동화책을 넘기며 상상을 키우는 한낮
나는 웬디와 쌍둥이일까

내 고민의 시작이었다

인플루엔자

시집이 감기에 걸렸다
기침하는 순간
글자들이 튀어나왔다

튀어나온 글자들은
다시 들어가려 애썼지만
들어가지 못하고 말았다

양탄자를 타고
우주로 올라간 단어는
해왕성에게 감기를 옮겼다

감기에 걸린 해왕성은
기침과 함께 별을 만들었다

별이 기침하는 순간
유성이 되어 떨어지고

땅에 닿는 순간 폭죽을 터트렸다

감기 바이러스가
온 세상에 퍼지고 말았다

님프의 날개

구름에 휘말린 옥탑방
반짝이는 병 하나

자신의 날개에 넣을 붉은 색소를 찾아다니는

요정 님프를 발견하였다

햇살 한 움큼 님프에게 건네주었다
님프가 햇살을 받아먹고

주황색이 되고 말았다

저녁이 오기 전에 노을을 찾아야겠다

나는 구름을 뚫고 노을을 찾아 떠났다

하늘 끝을 날아 궁전으로 갔다
가지에 열린 노을 두 개를 따서 님프에게 주었다

노을을 먹은 님프는 날개가 점점 붉어지더니
저녁 속으로 서서히 사라졌다

생일

너는 행복한 날로 선택받은 아이
사람들은 너의 존재만으로 기쁨을 감출 줄 모르지
너의 내면을 모른 채

일 년 중 오직 하루밖에 없다는 이유는
환심을 사서 인기를 높이기 위한
너의 수작이지

고깔모자 쓴 주인공
설레는 마음 담아 포장지를 뜯는 순간

달콤한 감정으로 행복한 얼굴을 만드는
초콜릿 같은 유혹들

화려한 케이크에 촛불 붙이고 노래 부르는 아이
두 눈 질끈 감은 채 깍지 끼고 소원을 빈다

밤하늘에 그 마음이 닿았을까
화려한 폭죽이 터지기 시작한다

영롱한 자태를 뽐내며 수놓은 페가수스

유난히 빛나는 날
밤은 더 짙어져 간다

구름의 딸꾹질

끝없는 바탕에 크레파스를 칠하면
무수한 틈이 생긴다
틈은 바람의 방향에 따라 기분이 바뀐다

박음질이 잘못되어
하늘 옆구리가 터져버린 날은
푸른 크레파스 위로 연한 구름이 빠져나오거나
악몽을 먹고 자란 구름은 회색이거나

피리 부는 아이는 그림자를 남기고
그림자를 따라다니는 아이는
이내 지쳐 깊은 잠에 빠졌다
오래된 딸꾹질에 빠진 것이다

여우비가 내린다
생각보다 긴 울음은 달래기 힘들었다
비가 마침표를 찍고

비의 감정은 처음과 끝이 같다
유한했다가 무한했다가
〈

빈틈을 채우는 내일이
아이를 내려보고 있었다
구름이 딸꾹질을 시작했다
여우비는 그치지 않았고

등대

어둠이 일렁이는 밤
나는 가만히 서서 일렁이는 바다를 본다

바다는 어둠이 가라앉고
한낮의 이야기가 가라앉고

어둠을 밝히는 나는 누군가를 밝혀야 사는 태생
내 태생을 더듬으면 그런 것인데

나를 지표 삼아 고깃배가 넘나들고
고깃배는 고래가 일렁이는 것 같아 보여
고래 내장이 보이는 것 같아서

나는 외롭다
외로운 것은 내가 나를 돌보지 않아서라고
가끔 이린 질문을 던질 때도 있지만

나를 길잡이 삼아 배들이 넘나들고
갈매기가 쉬어가고

바람이 지나다가 세상 이야기를 부려놓기도 하고

〈
나는 등대
나를 지표 삼아 사람들은 길을 찾고
만선의 깃발을 올리고

외로운 것은 어쩌면 흥겹고 반짝이는 것인지도 몰라

열대야

너의 생일이 가까워질수록
밤은 후덥지근할 거야

우리가 잠을 설치고 있을 때
너는 달콤한 표정 지으며 오늘에 달라붙어 있을 거야

네가 아무렇게나 휘갈겨 쓴 여름밤들을
에어컨으로 지워보지만

우리는 목이 따갑고 재채기를 하고
감기라는 블랙홀에 빠져들고 말겠지

나는 잠시 생각에 빠져들 거야

맨발로 숲속을 거니는 요정이 되었다가
계곡물에 발 담그고 물장구를 친다든가

어쩌면 아침 창가에서 바람을 뭉치는 공기 요정이 되는 꿈

여름밤은 여전히 덥고 습하고

얇은 이불도 무겁게 느껴지는 지루한 시간들

곡선과 직선 사이

곡선에서 완벽한 직선이 되기까지는 얼마나 걸릴까
일그러짐에 놀란 네가 물었지

구름의 얼굴이 달아올랐어
하늘과 바다가 연결된다
사람이 지나다니는 다리
갈 곳 잃은 돌고래는 의미 없는 하울링을 한다

놀라지 마
너의 몸도 곡선이 되어 가고 있어
어지러운 숨결 사이로
짙은 바다 냄새가 잔잔히 퍼진다

하늘이 꼽추라고 놀려대던 우리는
곡선의 여유를 느끼고
지나가던 행인은 발걸음을 멈춘다

투명한 밤이 올 때쯤
너는 아직도 입을 다물지 못하고

참, 너의 놀라움은 나에게 웃음뿐

기다리는 마음

초콜릿을 먹었다
거짓말을 삼켰다
거짓말과 달콤함
만날 수 없는 행성의 궤도처럼
어긋나게 돌고 있다

십이월 광장의 중심은 구세군이다
어둠이 깔리고 달이 뜰 때면

구세군의 냄비에는
동전과 지폐가 가득해진다
산타의 선물 주머니처럼

크리스마스트리에 장식품을 달자
반짝이게 찬란하게

겨울 하늘에 편지를 쓰자
눈송이를 내려 주라고

내 마음이 닿았을까
첫눈이 내리기 시작하고

〈
우리는 행복해진다

휴지

과거를 풀었다
진실이 풀릴 때까지 달음박질하는 유년
휴지를 풀기 위해 해독할 수 없는 초음파를 들었다

외투 주머니에서 외로운 시간을 잡는다
쓸쓸함을 남긴 과거가 거울 앞에 앉아있다

나와 닮은 아이가 무릎을 잡고 웅크린 채
바라보는 중이다

열쇠고리를 찾아
거울의 문을 열면

눈물이 반사를 타고 내려오고
도착 지점은 무인도

지름길을 따라나서면
원위치로 오게 되는 법이다
똑같이 반복되는 인생은 거울과 같다

거울 밖으로 나와 반복되는 것을

가위로 잘랐다

두루마리 휴지를 풀 듯
비로소 나는 술술 행복해진다

나만의 세상

놀이터에서 신나게 놀고
집으로 가는 길
지금까지 보지 못한 골목을 보았다

아름다운 벽화길
따뜻한 온기 가득 찬 그곳

한 걸음 두 걸음 걷다 보니
다른 세상이 나타난다

햇빛에 반짝이는 끝없이 펼쳐진 호수
들판에 우뚝 솟은 아몬드 나무 한 그루

호수에서 물장구치다 으스스해지면
아몬드 나뭇가지 꺾어 불을 지피자

이곳은 나만의 천국
호수 건너 너른 바다로
대서양으로 태평양으로

골목 담벼락에 빼곡한 그림은

혼자 상상할 수 있는 상상 놀이터

아몬드 나무 아래
돗자리 펼치고
낮잠을 청하는 나의 휴식처

얼룩무늬 기린

오랫동안 보지 못한
노래 잘 부르는 소프라노 뻐꾸기
숲에서 산책 같이하자
소식을 전해왔다

기린은 자신의 큰 덩치에
포스트잇을 붙였다

오랜만에 말을 걸어준
나무 잘 타는 장난꾸러기 원숭이
같이 술래잡기하자
메시지를 보내왔다

기린은 자신의 긴 목에
포스트잇을 붙였다

기린이 두려워하는
사자는 무슨 일로 메시지를 보냈을까?

마음 졸이며 포스트잇을 펼쳤다
이젠 괴롭히지 않겠다, 친하게 지내자

〈
기린은 자신의 길쭉한 다리에
포스트잇을 붙였다

메시지 담긴 포스트잇을
한 장 두 장 붙였더니

기린은 몸이 얼룩무늬가 되었다

빙하 낙타 음료수

종일 사막에서 짐만 나르던 낙타
덥고 더운 햇빛을 피해
오아시스 찾으러 길을 떠났다

사방으로 둘러싸여 있는 하얀색 세모
위로 솟구쳐있는 흰 카펫
빙하라는 얼음덩어리

빙하 끝까지 가고 싶은 마음에
차츰 올라가는 목이 마른 낙타

빙하를 한 움큼씩 떼어내
야금야금 먹었어

빙하는 줄어들어
작다가 더 작아지다가
너무 작아져

나중에는 개미처럼 작아져 버릴지도 모르지

빙하가 녹는 이유는

낙타의 거친 숨소리 때문이지
낙타 숨소리는 지구를 뜨겁게 만들지

우산 웃음

꺄르르 꺄르르르
비 올 땐
우산이 웃음 방울을 몰래 만들어낸다

우산이 입을 벌리고
비를 받아먹으면

입속이 간지러운지
까르르

비 오는 날은
우산과 비가 만나느라
여기저기 웃음소리 한가득

간질간질
장난기 많은 우산이
핑그르르 몸을 털면

다음에 놀자고
손을 흔드는 물방울

바나나 리코더

바나나 한 개 따서
리코더를 만들어 봅니다

껍질을 벗길 때마다
음표가 미끄럼틀을 타지요
도
레
미를 누르다가 손이 간지러웠는지
파, 웃고 말았어요

빙그르르
치아에 노란 웃음이 묻어나지요

솔
라라라, 번지는 노래가 어금니로 씹히지요
시
도돌이표를 찍어볼까요

실감 나는 바나나 리코더
바구니에서 하나 더 꺼내 불어봅니다

쌀알 하나

쌀알 하나
일주일 전 빠진 빈틈에 끼고 말았다

어저께 지붕에 던진
헌 이가
새의 둥지가 되었는지
다람쥐 의자로 쓰이는지
사슴벌레의 책상이 되었는지
나는 잘 모르겠어

그 순간 혀가
간질간질
이에 낀 쌀알이
빈틈을 간지럽히지 뭐야

언제쯤 내게도 새 이가 찾아올까

하늘에 쌀알 한 줌 던지고
새와 다람쥐를 기다리고 있어
사슴벌레의 편지를 기다리고 있어

실수해도 괜찮아

인라인 타다가
콰당 넘어졌다
인라인 선생님 후다닥 달려와
실수가 징검다리야

에이 비 씨 디
영어 대회 나가서
잘못 말을 하였다
심사위원이 큰소리로
실수가 징검다리야

뜨개질하다가
대바늘에 쿡 찔렀다
엄마께서 다독이며
실수가 징검다리야

실수하고 실수해도
괜찮아
나에겐 징검다리가 있으니까

하늘바라기

아침 햇살 줄기 타고
구름 위에 도착했어
구름은 흰색이 점점 없어지고
회색으로 짙어갔어

자꾸 커지는 먹구름
몸을 마구마구 흔들었지
머금고 있던 비가 쏟아졌지

먹구름이 더 몰려들기 전에
구멍 뚫린 구름들 사이로
햇빛을 넣어줘야겠어

맑음 가득한 곳으로 가서
햇살 한 움큼 떼내어

구멍 난 구름에 햇빛을 재웠지

어, 비가 멈추었네!

하늘엔 둥실둥실 새털구름 가볍고

골목마다 아이들 웃음

풍선처럼 터지고 있네

사춘기

짙어지는 하늘을 보니
구름을 채웠던 무수한 점이 떨어진다

소리로 비의 마음을 알 수 있다
창문을 열고 손을 뻗어 느낀다

바닥에 살포시 닿는 소리
처음과 마지막의 강도는 약한 법이다

물웅덩이 만들어 낼 땐
비는 거세지고
창문에 부딪힐 땐
경쾌한 소리가 나지

가만히 귀 기울이면
그것은 난타적 성향

빗소리 속에 담긴 사연을 다 읽다 보면
비는 어느새 약해지고

내 눈가에 비가 내린다

〈
처마 밑에 떨어지는 빗방울 소리에
비의 여정이 끝남을 알 수 있고

나는 사춘기가 시작되었지

발문

소리의 껍질을 벗기며
물결처럼 일렁이는 동안에도

강재남 (시인)

 인연이란 처음 만났을 때 건네는 말이고, 운명이란 마지막까지 남아준 사람에게 건네는 말이라고 해요. 섣부르긴 하지만 우리가 그때 만나 여기에 이르렀으니 그런 관계의 어디쯤에 있지 않을까 생각해요. 가림과의 인연은 8년 전으로 거슬러 올라가요. 통영청소년문학아카데미 콘테스트가 있던 날이었는데요. 통영청소년문학아카데미는 통영시인재육성기금으로 운영되는 예술 분야 장학사업이에요. 그런 까닭에 해마다 문학에 관심 있는 학생들이 콘테스트에 몰려들었죠. 가림은 거기 참가한 학생 중 한 명이었어요. 그해 치열한 경쟁률을 뚫고 최종 선발된 30명 중에 가림이 있었죠. 콘테스트 주제가 생소하고 까다롭기도 했고, 대부분 중학생이거나 고등학생이어서 어린 친구가 뽑히기 쉬운 곳이 아니었는데도 말이에요.

수업 때 본 가림의 첫인상은 맑고 순수했어요. 말소리가 또렷하고 특히 말의 끝맺음이 선명해서 강하게 인상에 남았죠. 겨우 초등학교 4학년인데, 말할 때 문장 마침표까지 정확하게 구사하는 게 신기할 정도였어요. 첫인사를 나누면서 알게 되더라고요. 이 아이는 활자에 민감하겠구나 하고요. 자기소개를 하는데 어색한 기색 하나 없이 또박또박 말하고 '잘 부탁드립니다' 배꼽 인사를 크게 하는데, 반에 있던 언니 오빠들이 웃으면서 박수를 보냈던 기억이 선명하게 남아 있어요. 웃을 때마다 양쪽 입술 끝에 파인 볼우물이 가림을 더 빛나게 했죠.

어느 날 가림은 쿠키를 구워왔어요. 수업 때 간식으로 먹으면 좋겠어서 엄마랑 만들었다고 했어요. 봉지에 든 걸 하나하나 언니 오빠들 손에 쥐여주었는데, 바스락거리는 소리가 날 때마다 민망한 듯 어깨를 살짝 올렸다 내렸던 것도 어제 일 같이 남아 있어요. 가림은 그렇게 즐거움을 주고 행복을 나눌 줄 아는 아이였어요. 누군가와 함께 있다는 것만으로 모두가 환해지는 느낌 있잖아요. 그런 건 단순한 겉모양에서만 나타나는 게 아니었어요. 가림은 책임감이 강했으며 주변과 두루 섞일 줄 아는 친화력을 가진 아이였죠. 이제 가림이 처음으로 쓴 시를 읽어볼 건데요. 처음이란 말은 마음이 간질간질해지는 느낌이 들죠. 그것처럼 사물이나 사람의 움직임을 흉내 내어 생동감 있게 표현하는 능력이 출중했어요.

꺄르르 꺄르르르
비 올 땐
우산이 웃음 방울을 몰래 만들어낸다

우산이 입을 벌리고
비를 받아먹으면

입속이 간지러운지
까르르

비 오는 날은
우산과 비가 만나느라
여기저기 웃음소리 한가득

간질간질
장난기 많은 우산이
핑그르르 몸을 털면

〈

다음에 놀자고

손을 흔드는 물방울

— 「우산 웃음」 전문

  비 오는 날의 풍경을 이토록 경쾌하고 맑게 그려내다니요. 비가 오면 마음이 괜히 좋아진 경험을 우린 해보았을 거예요. 생각해보면 어릴 때 더 그런 감정을 느꼈던 것 같기도 해요. 우산 웃음에는 순수함이 고스란히 담겨 있어요. 우산을 폈을 때의 설렘과 우산으로 투두둑 떨어지는 빗방울의 촉감. 우산과 비가 만났을 때 여기저기서 빗방울 튀는 소리가 들리는 것 같지 않나요? 우산은 그 큰 입으로 비를 받아먹으니 입속은 또 얼마나 간지러웠을까요. 까르르 까르르르 웃음이 터지는 지점에서나 장난기 많은 우산이 핑그르르 몸을 터는 모습은 비 오는 날의 가장 조화로운 풍경이 아닐 수 없네요. 한 아이가 웃음을 터트리면 옆자리에 앉은 아이들이 동시에 까르르 웃는 듯하고요. 간질간질한 비의 장난기가 아이들이 몸을 비틀며 웃지 않을 수 없게 만들기도 해요. 동일 어근이 반복되거나 모음과 자음이 규칙적인 교체로 어감이 분화되면서 시는 더 밝고 경쾌해져요. 우산으로 떨어지는 비의 연속성을 통해 단순하면서도 명확한 시적 상황이 감각적으로 그려진 것 같아요. 마주치는 작은 존재에도 시적 가능성을 부여해주는 가림의 깊고 섬세한 눈길이 빗방울과 우산을 우화로 만들었어요. 이제 우리는 비 오는 날을 풍성하게만 기억해도 좋을 것 같아요.

구름에 휘말린 옥탑방
반짝이는 병 하나

자신의 날개에 넣을 붉은 색소를 찾아다니는

요정 님프를 발견하였다

햇살 한 움큼 님프에게 건네주었다
님프가 햇살을 받아먹고

주황색이 되고 말았다

저녁이 오기 전에 노을을 찾아야겠다

나는 구름을 뚫고 노을을 찾아 떠났다
〈

하늘 끝을 날아 궁전으로 갔다

가지에 열린 노을 두 개를 따서 님프에게 주었다

노을을 먹은 님프는 날개가 점점 붉어지더니

저녁 속으로 서서히 사라졌다

- 「님프의 날개」 전문

  요정은 전설 속에서 등장하는 초자연적인 존재예요. 아주 작은 사람 모습을 하고 나비 날개를 달고 있죠. 그렇기에 요정은 어린 여자아이들에겐 가장 닮고 싶거나 친구로 만들고 싶은 환상일 거예요. 님프는 그리스로마신화에 등장하는 정령이에요. 춤과 노래를 좋아하죠. 아름다운 처녀 모습으로 주로 숲이나 골짜기, 강 같은 자연물에 머물면서 그것들을 수호하죠. 요정은 인간에게 매우 호의적이고요. 마법을 부릴 줄도 알아요. 페어리처럼 등에 잠자리 날개를 단 작고 귀여운 인형 같은 모습이기도 해요. 요정은 주로 신화나 판타지에 등장하는데요. 북유럽 신화의 엘프는 강하면서도 아름다운 요정으로 그려져요. 반지의 제왕에 등장하는 엘프족도 마찬가지예요. 영화에서 묘사되는 엘프족은 불멸의 존재로서 뛰어난 외모와 힘을 가진 신비롭고 강인한 존재이지요. 해리포터의 집요정 도비도 그렇고요. 이들은 모두 인간과 사랑하면서 우정을 나누는 서사적 의미를 지니고 있어요. 그리스로마신화에서 말하는 님프와 같은 존재로서 말이에요.

문학 수업 때 공부했던 신화는 가림에게 한층 더 사실적으로 와닿았을 거예요. 가림은 내가 곧 요정이라는 감각을 자연스럽게 받아들이며, "나는 구름을 뚫고 노을을 찾아 떠났다／ 하늘 끝을 날아 궁전으로 갔다"라고 구체적으로 언급하고 있어요. 이 시는 인간과 신화적 인물이 얽혀 서로를 지탱하는 구조로 읽혀요. 구름에 가까운 옥탑방에 색을 잃은 님프가 있어요. 밤이 오기 전에 날개에 색을 입혀서 님프의 세상으로 보내야 하는 사람도 있고요. 님프는 햇살을 먹고 힘을 얻긴 했지만 아직은 멀리 갈 수 없어요. 최적화된 날개를 가지지 못했으니까요. 사람은 어떻게든 님프의 날개에 온전하게 색을 입혀주고 싶어 해요. 사람은 하늘 궁전으로 가서 노을을 따와요. 그리고 님프에게 줘요. 노을을 먹은 님프는 날개가 붉어져 그의 세상으로 돌아가요. 시가 한 편의 동화 같아요. 행복한 결말도 그렇고요. 아이들은 물활론적, 인과론적, 마법적인 사고를 하는 게 특징이에요. 똑같은 현실을 겪고도 성인보다 훨씬 긍정적인 해석을 하며 낙관적인 결론을 맺죠. 「님프의 날개」에서는 자연스럽게 생겨나는 이 연령대 아이들의 보편적 정서가 있어요. 모든 시가 특정한 시적 상황이나 새로운 이미지를 파악하고 표현할 능력을 갖출 이유는 없어요. 「님프의 날개」처럼 이야기 형식으로 풀어내면서 누군가에게 공감을 주고 따뜻하면 그게 좋은 시가 되는 거예요. 시의 씨앗에 열심히 물을 주다 보면 이런 정서들이 성장하여서 형상화를 이루는 지점을 또 만나게 될 테니까요.

다채로운 엄마의 감정에는
유독 신경 쓰이는 색이 있다
여러 색의 경계선은 점점 흐려져 간다
연속적인 스펙트럼처럼

엄마의 표정을 이해하지 못한 건
그때 나는 너무 어렸기 때문,

어릴 적 나를 혼내던 엄마는 확고했다
노란 눈으로 나를 노려보는 얼굴이
호랑이보다 더 무서웠다

샛노랗던 두 눈이 붉게 변할 때까지
나는 직진하지 못하고

엄마, 혼란을 주지 말고 답을 줬으면 해

활화산 같은 엄마 눈은 불안을 주니까

가끔가다 머피의 법칙에 빠지는 날이 있다
잘 가다가도 다가서면 표정이 변해버리고
약속을 지키지 못하면
불쑥 나타나는 새빨간 얼굴

여긴 비보호구역이라고요

못 들은 척 엄마는 오른쪽으로 회전하라고 한다
바른쪽은 엄마를 기쁘게 하는 지름길이란 걸 그때 알았다

주름진 엄마 얼굴이
뙤약볕과 노란 가을 사이에서 서성이는 동안

나에게 찾아온 사랑스러운 파란 사춘기
-「신호등」 전문

감정은 형체로 분명하게 나타나지 않아요. 어떤 현상이나 일에 대하여 일어나는 마음이나 느끼는 기분은 눈으로 보이진 않잖아요.

이렇듯 모습이 분명하지 않은 감정을 감각하여 가림은 구체적인 바탕이 되게 하고 있어요. 분명한 모습이 아닌 감정을 신호등이라는 선명한 이미지로 묘사를 하면서 독자의 이해를 돕고 있어요. 시시로 변하는 엄마의 감정을 신호등이라는 사물을 통해 형상화하면서 이렇도록 사랑스럽게 풀어내고 있어요. 시 속 아이에게서 엄마 기색을 적당히 살필 줄 아는 여유와 노련함이 보여요. 어쩌면 엄마 성격을 완벽하게 파악했거나 아직은 막 사춘기에 접어든 미묘한, 그 정도의 접점에서 뚜렷하지 않은 복잡하고 애매한 감정이 개입돼 있어 보이기도 해요. 모녀(=모자)의 사랑과 온기 속에서 미지근한 갈등이 보여요. 그러면서 또 느껴지는 건 토닥임 속에서도 사랑과 연민이 깔려있어요. 복잡하고 다단한 감정이 시의 분위기를 끌어가고 있어요. 어릴 때 느끼지 못한 엄마 얼굴은 어느새 주름이 졌어요. 뙤약볕과 노란 가을 사이에서 서성이는 동안 '나'에게는 사춘기가 찾아왔네요. 여기에서 아직은 그 바탕이 애틋함이라는 거죠. 그러던 것이 질풍노도로 들어서면 엄마의 얼굴은 안중에 없을지도 모르겠어요. 어느 시기엔 "여긴 비보호구역이라고요" 하면서 툭 튀어나온 돌부리처럼 아무 데나 걸리면 넘어질 것 같은 모습을 하고 있을 수도 있어요. 그리하더라도 가림은 명확한 형상으로 감정을 그려내는 능력의 소유자예요. 분명 자신의 감정 또한 스스로가 잘 다스려갈 거란 확신을 해요.

"흐린 아침"이면 "소쩍새가 소식을 물"어 오고 그것은 "날씨의 변덕"을 알리는 시작이죠. "맑은 아침"엔 "소쩍새가 떠"나면서 "변덕이 멈"추고요(「일기예보」). "구름이 지퍼를 여는 밤"엔 "나는 무얼 했"는지에 대한 물음을 깊게 하기도 해요. "독 없는 독사과에 대해 생각"하면서 "붉은빛 속에 숨어든 거짓말"을 그려내기도 하네요. 거기서 "똑같은 걸 다르게 보는 마음"(「이중으로 보이는 그림」)을 오랜 시간이 걸려 가림은 알아가고 있어요. 이 시기에 쓴 가림의 시에서 공통으로 나타나는 언어기법이죠. 이렇듯 분명하지 않은 형체를 명확한 모양으로 의미를 구성하는 능력이 탁월해지고 있어요. 비유의 세계를 표현하면서 독자의 상상력을 자극하니 그것이 시의 깊이를 더해줘요. 이즈음에서 가림의 시 세계가 형상화에 도착한 듯해요.

> 상자를 뒤집어요
>
> 수많은 내가 쏟아졌죠
>
> 나로 가득 찬 세상
>
> 내 세상에서 나는 환히 웃어요
>
> 파인 내 보조개는 블랙홀
>
> 낮과 밤이 두 번씩 찾아오는 행성처럼

적응하기 어려운 블랙홀은 울음이다가 웃음이다가

잔잔한 호수가 햇살에 물들다가

쏟아지는 엄마 잔소리에 빠른 소나타를 연주하는 것처럼

어제는 웃음에서 피어난 보조개 하나가

모르는 항성에 엄마 별자리 새겨 놓고

오랜 밤 먼 궤도에서

별자리마다 태동이 퍼져요

엄마 잔소리에 울던 나는

새벽이 오는 것을 꼽다가

밤이 지나고

어제가 찬란하게 지나요

나는 상자를 똑바로 세워요

  －「어제는 울었고 오늘은 웃었고」 전문

의미의 관계망이 보이시나요? 상자 안에서 수많은 내가 쏟아지면 세상은 나로 가득 차죠. 비로소 내 세상이 된 곳에서 나는 환히 웃어요. 그리고 시는 여러 형상과 비유와 직유로 왔다 갔다 해요. 그런 다음에서야 찬란하게 어제가 지나는 걸 보죠. 그리고 나는 상자를 똑바로 세워요. 지나치게 깔끔하고 시간적 상황에 맞아떨어진다는 생각이 들었을까요? 물론 각자의 시각에 따라 달리 보일 수도 있지만요. 시간에 대한 감각이 '나'를 통과하면서 특정한 의미 범주에서 '나'를 해방시켜요. 그러니까 일정 범위 내에서 '나'는 독립적으로 '나'를 수행하는 역할을 하고 있다는 거죠. 이 시는 쓰인 과정이 독특한데요. 당시 수업 주제가 '상자를 뒤집었다'였어요. 어떤 배경을 가져오든 시간적으로 알맞게 배열해야 한다는 부연 설명이 있었죠. 거기에 마침맞게 「어제는 울었고 오늘은 웃었고」가 탄생된 거예요. 단순히 상자를 뒤집었을 뿐인데 상자를 뒤집는 순간 최대치의 경험과 상상이 결합된 시가 나온 거죠. 이처럼 의미 범주 안에서 이해되는 행위를 자연스럽게 이끌어내는 능력을 가림은 가지고 있었어요. 한 시간이란 시간 제약이 있었고요. 한정된 주제가 있었지요. 그것은 어떤 장소에서든 얼마큼의 시간이든 가림에게 있어서 크게 문제 될 게 없다는 거예요. 그만큼 글을 대하는 이해와 태도가 남달랐던 건 분명했던 것 같아요.

폭죽이 터진다

나를 휘감는 노란 불빛들

하얀 머리칼을 부스스 휘날리며

한 계절을 채 살지 못하고 떠날 이들을 생각하며

작별 인사도 없이 가버린 언니를 떠올린다

언니가 바라던 계절은 어디쯤이었을까

이른 봄과 깊은 봄 사이, 아니면 무른 여름이었나

언니의 이별에는 청록의 바람이 있다

민들레색 치마가 짧아지고

드문드문 청록의 잎사귀로 돋아나는 계절은

아기 청노루가 더딘 걸음을 걷기 시작하는데

기다리는 언니는 오지 않는다

쪼그리고 앉아 먼 곳을 보다가

문득 돌 틈에 핀 민들레에게 눈길을 보낸다

〈

이리 척박한 땅에서 꽃을 피웠구나

네가 이리 환하게 폭죽을 터트렸구나

우리 언니는 언제쯤 오겠니

고개를 흔드는 민들레를 보며

영영 놓아야 할 이별을 생각한다

노랗게 물들일 오늘을 살다가

그리고 오늘을 보내다가

어느 날 갓털이 되어 떠날

민들레의 생을 그려본다

언니도 민들레였을까

한철을 환하게 물들이다가

찰나에 사라진 민들레였을까

돌 틈에 핀 민들레에게 고조곤히 말을 걸면서

부질없다가 희망이었다가

그런 삶을 나는 또 생각하는 것이다

- 「민들레」 전문

그리고 가림은 아주 위험한 감정에 놓이게 돼요. 청소년문학아카데미에서 수업을 가르치던 김희준 시인이 스물여섯의 나이에 하늘의 별이 되는 사고를 겪죠. 갑자기 생긴 일이라 그 충격은 이루어 말로 다 하지 못해요. 누구랄 것 없이 깊은 슬픔에 빠져 헤어나기 힘든 시간을 우린 함께 보내요. 이후로 가림의 시 세계는 별자리와 행성과 올리브나무로 옮겨가요. 이건 김희준 시인이 남긴 유고 시집과 산문에서 영향을 받은 거라 짐작돼요. 어린 선생님에게 보내는 곡진한 편지 같은 시를 쓰는 더 어린 학생은, 이렇게라도 해서 자기가 흠모하는 선생님을 기억하고 싶었던 걸 거예요. 시 「민들레」에서 그 마음이 여실히 드러난다는 걸 알 수 있어요. 가림은 작별 인사도 없이 가버린 선생님을 떠올리면서, 선생님이 바라던 계절과 이별하는 우리의 자리를 가늠하고 있어요. 이 어린 사람이 어떻게 이렇도록 깊은 아픔을 속에 품고 있었을까요. 시에는 진한 슬픔과 그리움의 정서가 분화되어 나타나고 있어요. 어느 날 갓딜이 되이 띠날 민들레의 생을 찰나에 사라진 선생님으로 환기하면서 가림의 독백이 점점 깊어진다는 걸 알 수 있어요.

가림은 스펙트럼한 세계를 먹은 마음 그대로 먹은 생각 그대로 이끌어가고 있어요. 더 많은 내밀함을 담은 마음들이 대책 없이 자라나기도 하고요. 간절하게 대답을 기다리는 듯하기도 해요. 철없던 때 많은 곳에서 소환하던 엄마를 이제는 때와 장소를 가리게 된 것 같기도 해요. 그만큼 환하고 애틋한 마음을 담고 엄마를 등장시키면서 엄마를 이해하고 걱정하기 시작해요. "행성에서 엄마는 우는 일이 없"어요. 그건 "엄마를 속상하게 하는 나도/ 외로움의 늪에 빠지게 하는 누군가도 없기 때문"(「엄마의 시간」)이라는 대상을 통과하기도 하고요. "야광별로 가득한 우리 집"(「야광별은 사랑을 타고」)은 "시칠리아 어느 하늘 아득한 은하"란 걸 환상성으로 그려내기도 해요. 야광별로 가득한 우리 집은 "아는 사람만 기억하는 나의 별자리"이면서 "계수나무가 만발"(「나의 토끼, 레퍼스에게」)한 곳이에요. 그런 우리 집 골목을 돌아 꾹꾹 눌러 담은 소원이 환하게 터지면 엄마 발소리가 경쾌하게 들리고, 엄마는 환하게 웃죠. 그리고 "해가 올리브 동산으로 넘어"가면서 "노을은 저쪽에서"(「저녁 풍경」)에서 여기와 다른 형태로 머물러요. 이렇게 가림의 시는 환상적 요소가 은유로 나타나면서, 낯설게 하기 등의 다양한 문학적 기법으로 표현되기도 해요. 상상력을 확장하고 있다는 거죠. 가림은 이제 나와 다른 존재인 타인에 대한 인식이 논리적 사고에만 머물러 있으면 안 된단 걸 알게 된 듯해요.

자장가가 쌓인다

멜로디는 반복을 거듭하다가 천천히 잠으로 스며든다

그때의 엄마 등은 참으로 포근했었지

모성이라는 성은 넓고 단단해서

어디가 처음이고 끝인지 알 수 없었다

흘러간 엄마의 시간

시간만큼 주름이 늘고

주름에는 엄마가 아닌 다양한 모습의 내가 자리한다

그 길에서 나는 날카로운 감정으로 서 있고

그런 나를 엄마는 품고 있다

시간이 갉아먹어도

엄마라는 이름은 언제나 엄마여서

마음이 애틋하고 아려오는데

나는 지금 엄마를 닮아가는 것일까

갱년기를 지나는 엄마를 보면서

가여운 마음과 쓸쓸한 마음이 복잡하게 얽히는데

삶의 모서리가 낡아 마음도 낡아가는 엄마
그런 엄마에게 젊은 날의 그림자를 입혀주고 싶은 건

나에게도 비로소
모성이라는 단단한 성 한 채 생겨서라고
엄마 그림자를 그대로 닮고 싶어서라고

그렇게 쓸쓸하고 아름다운 엄마를 생각하는 것이다
— 「자장가와 푸른 엄마와 쏟아지는 기억」 전문

 가림의 시간에서 엄마는 비로소 서사로 자리하게 되는군요. 서랍에 꼭꼭 숨겨둔 편지를 몰래 읽은 것처럼 뜨겁고 가슴 떨리는 일이에요. 이런 기분을 정확하게 정의할 순 없지만 첫사랑이 주는 설렘 같은 게 아닌 건 분명해요. 애상적 정서가 깊고 감정의 깊이와 온화함이 공존하는 태도가 전반적으로 나타나고 있어요. 갱년기를 지나는 엄마가 안타까워 엄마에게 젊은 날의 그림자를 입혀주고 싶은 마음을 빼곡하게 적어두고 있으니까요. 가림은 모성이라는 성이 얼마나 넓고 단단한지 주체로서의 엄마를 인식하기 시작해요. 경험이

나 인식을 자기의 의식 속으로 종합하면서 통일하고 있는 거죠. 어릴 적 엄마가 뜬 인형에서 미지근한 눈물 냄새를 맡았던 것처럼, 헤아리지 못할 적막이 얼굴에 자국을 냈을 때처럼, 그걸 천사의 키스라 불러주었던 엄마를 기억하고 있어요. "잠든 척 침대에 누워있는 내 머리칼을 쓸어주던 엄마/ 사춘기를 핑계로 엄마를 힘들게 한 내게, 미안하다"(「자화상」) 말하던 그런 따뜻한 엄마를 기억하고 있어요. 가림은 이제 한발 한발 세상을 잘 디뎌보겠단 약속을 해요. 그건 결국 일상적 시간의 흐름 속을 버텨내는 가림 자신을 건져내고 있는 셈이지요. 엄마의 과거와 현재, 그리고 미래의 시간이 겹쳐 보이는 건 엄마는 나의 '자화상'이어서 그런 거란 걸 이쯤에서 눈치챘셨나요? 그렇다면 가림의 내면이 얼마나 촘촘해졌는지도 보아주면 좋겠어요. 이런 사춘기라면 세상의 모든 사춘기를 겪는 아이들에게 응원해주고 싶은 생각이 드는군요.

『안녕 나의 파란 사춘기』를 읽는 독자들이 시집 속 시의 완결성에만 집중하지 않았으면 해요. 이는 초등학교 4학년 때의 가림과 고등학생이 된 지금의 가림이 이 시집에 들어있기 때문이에요. 비 오는 날 우산 위에서 까르르 웃으며 구르는 빗방울처럼 맑고 경쾌하게, 어떤 페이지에선 엄마에게 보내는 다정과 애틋함을, 그리고 파란 사춘기를 건너는 가림을 응원하는 마음으로, 다만 그렇게 읽어주면 좋겠어요. 시인의 말에서 보여준 것처럼 지금 가림은 백사장으로 달려가다가 느리게 지나가던 거북이를 실수로 밟기도 할 테고요. 그곳엔 여름이 식지 않은 채 머물러 있을 거란 믿음으로 덥고 건조한 캔자스의 햇볕을 맨몸으로 맞고 있을지도 모르니까요. 달리고 밟고 머무르고 찔러대는 날들이어도 가림은 한낮에 앉아서, 자신에게 온 파란 사춘기를 마주할 거라 믿어요. 어쩌면 우리 모르게 안녕, 하고 손 흔들며 사춘기를 껴안고 있을지도 모를 일이지요. 세상 모든 소리의 껍질을 벗기며 그러는 동안에도 요동치는 물결처럼 일렁이면서 말이에요.